글쓴이 길상효

엄마가 되어 어린이 책을 다시 손에 쥔 이후로 어린이와 청소년들과 함께 독서와 글쓰기를 하고 있어요. 지은 책으로는 『김치 가지러 와!』, 『최고 빵집 아저씨는 치마를 입어요』, 『해는 희고 불은 붉단다』, 『골목이 데려다줄 거예요』 등이, 옮긴 책으로는 『눈만 뜨면 눈 걱정』, 『선생님, 기억하세요?』, 『꿈 배달부 톨리』, 『둥지 아파트 이사 대작전』, 『거미 엄마, 마망―루이스 부르주아』, 『달려라 왼발 자전거』, 『산딸기 크림 봉봉』, 『살아남은 여름 1854』, 『행복해라, 물개』 등이 있어요.

그린이 이형진

전라북도 정읍에서 태어났고, 쑥쑥 자라서 서울대학교 미술대학을 졸업했어요. 어릴 적부터 그림 그리기를 제일 좋아했고, 철들어서는 만화를 그리고 싶어 했어요. 대학에선 만화가를 준비하다가 졸업 후 어린이 책에 그림을 그리기 시작했답니다. 그린 책으로 『고양이』, 『안녕 스퐁나무』 등이 있으며, 기획하고 그린 책으로는 〈코앞의 과학〉 시리즈 등이 있어요. 쓰고 그린 책으로는 『끝지』, 『명애와 다래』, 『뻐꾸기 엄마』, 〈리리 이야기〉 시리즈, 『작은 씨』 등이 있어요.

점동아, 어디 가니?
당나귀 타고 달린 한국의 첫 여의사 김점동

1판 1쇄 발행 2018년 5월 29일 1판 3쇄 발행 2022년 8월 3일
글쓴이 길상효 **그린이** 이형진
펴낸이 남영하 **편집** 김주연 박예슬 **디자인** 박규리 **마케팅** 김연호
펴낸곳 ㈜씨드북 **주소** 03149 서울시 종로구 인사동7길 33 남도빌딩 3F **전화** (02) 739-1666 **팩스** (0303) 0947-4884
홈페이지 www.seedbook.co.kr **전자우편** seedbook009@naver.com **인스타그램** instagram.com/seedbook_publisher
ISBN 979-11-6051-195-6 (77800) **세트** 979-11-6051-168-0
글 ⓒ 길상효 2018, 그림 ⓒ 이형진 2018
이 책은 저작권법에 따라 보호받는 저작물이므로 무단 전재와 무단 복제를 금지하며,
이 책 내용의 전부 또는 일부를 이용하려면 반드시 저작권자와 ㈜씨드북의 서면 동의를 받아야 합니다.

제조국명: 대한민국 | **사용연령:** 6세 이상
KC마크는 이 제품이 공통안전기준에 적합하였음을 의미합니다.
종이에 베이지 않게 주의하세요.

• 책값은 뒤표지에 있어요. • 잘못 만들어진 책은 구입하신 서점에서 바꾸어 드려요. • 씨드북은 독자들을 생각하며 책을 만들어요.

점동아, 어디 가니?

당나귀 타고 달린
한국의 첫 여의사 김점동

길상효 글 이형진 그림

씨드북

"점동아, 점동아, 어디 가니?"

재 너머 간다.
방앗간 아재가 편찮으시대서 병문안 간다.

아재가 병원 가서 주사 맞고 약 먹고
다 나았다 한다.
참 다행이다.

"점동아, 점동아, 어디 가니?"

건넛마을 간다.
금순 엄니가 편찮으시대서 병문안 간다.

손톱만 한 종기가 주먹만큼 커져서는
금순 엄니가 그만 돌아가셨다 한다.
어쩌나, 이걸 어쩌나.

"여자는 의사한테 몸을 보여서는 안 돼!"

이상타, 참 이상타.
보이면 나을 수도 있을 텐데.
살 수도 있는데 죽으란다.

"점동아, 점동아, 어디 가니?"

이화학당 간다.
공부하러 간다.

미국 선생님께 미국 말도 배우고 산술도 배운다.
여자도 배워야 한다고 아버지가 보내 주셨다.
배우고 또 배울 거다.

"점동아, 점동아, 어디 가니?"

정동교회 간다.

세례도 받고 에스더라는 새 이름도 받았다.
별이란 뜻이라고 한다.
별처럼 세상을 비추며 살 거다.

"점동아, 점동아, 어디 가니?"

보구여관 간다.
여자들을 위한 병원이다.

미국에서 오신 의사 선생님께
우리말을 영어로 전하는 일을 한다.

선생님이 커다란 종기를 도려내고 꿰맨다.
무서웠지만 꾹 참고 지켜봤다.
그 환자가 살아서 나갔다.

선생님은 입술갈림증도 수술로 고친다.
놀림당하고 만날 울던 아이가 멀쩡해졌다.
마술 같다.

"점동아, 점동아, 어디 가니?"

공부하러 간다.
의사 되는 공부하러 간다.

의술은 건강도 찾아 주고, 목숨도 건져 주고,
행복도 가져다준다.
나도 의사가 될 거다.
건넛마을 금순 엄니 같은 사람을 꼭 살릴 거다.

"점동아, 점동아, 어디 가니?"

정동교회 간다.
혼인하러 간다.

열심히 공부하고 환자 돌보라며
부엌일도 돕고 나를 응원하는 고마운 남편이다.
나는 꼭 의사가 될 거다.
남편 몫까지 다할 거다.

"점동아, 점동아, 어디 가니?"

미국 간다.
더 배우러 간다.

어린이 병원에서 일도 배우고
물리랑 수학도 공부한다.
의과대학 시험에 꼭 합격할 거다.

"점동아, 점동아, 어디 가니?"
볼티모어 여자 의과대학에 간다.

"점동아, 점동아, 어디 가니?"

장례식 간다.

열심히 간호하며 기도했지만
남편이 폐결핵을 못 이기고 끝내 세상을 떠났다.
나한테 꼭 의사가 되라는 말을 남기고 갔다.

"점동아, 점동아, 어디 가니?"

조선 간다.
조선 사람 살리러 간다.

건넛마을 금순 엄니 같은,
내 남편 박유산 같은
조선 사람 살리러 간다.

"점동아, 점동아, 어디 가니?"

보구여관에 환자 보러 간다.

사람이 죽었다 해서
시체 치우러 간다.

잘 몰라서, 미신 때문에
병을 키우는 사람들
설득하러 간다.

앞 못 보는 학생들 가르치러 맹아학교에 간다.

간호학과 학생들 가르치러 간다.

"점동아, 점동아, 어디 가니?"

경희궁 간다.
상 받으러 간다.

조선을 사랑하는 마음이 크다고,
많이 배워 좋은 나라 만드는 데 힘썼다고
고종 임금님께 상 받는다.

"점동아, 점동아, 어디 가니?"

아무 데도 안 간다.
못 간다.

폐결핵이 낫지를 않아 못 일어나겠다.

다들 나를 기다리는데

큰일이다······.
큰일이다······.

"점동아, 점동아, 어디 가니?"

하늘나라 간다.
이제 좀 쉬러 간다.

많은 사람들 손잡아 주며 행복했다.
모두가 더는 아프지 않기를,
아파 숨지지 않기를…….

김점동의 생애

"에스더(김점동)는 날마다 새로운 인생을 배우게 한다."
— 로제타 셔우드 홀 Rosetta Sherwood Hall

1877 3월 16일, 서울 정동에서 네 딸 중 셋째로 태어났어요.
1886 이화학당에 입학했어요.
1890 이화학당을 졸업하고 보구여관 의사 로제타 셔우드 홀의 통역을 담당했어요.
1891 세례를 받고 에스더라는 세례명을 얻었어요.
1893 박유산과 결혼했어요.
1895 미국 유학을 떠났어요.
1896 볼티모어 여자 의과대학(현 존스 홉킨스 대학교)에 입학했어요.
1900 의대 졸업, 귀국 후 보구여관에서 진료를 시작했어요.
1903 평양 기홀병원에 부임했어요.
1909 고종 황제가 참석한 대한부인회 주최 해외 유학 여성 환영회에서 은장을 수상했어요.
1910 4월 13일, 폐결핵과 영양실조로 세상을 떠났어요.

당나귀 타고 진료를 다닌
한국 최초의 여의사, 김점동

박에스더로 잘 알려진 한국 최초 여의사의 본명은 김점동이에요. 에스더는 세례명이고, 결혼 후 남편 박유산의 성을 따르면서 박에스더란 이름으로 불렸어요.

김점동의 아버지 김홍택은 미국인 선교사 아펜젤러의 집에서 일하면서 서양인들과 인연을 맺었어요. 1886년에 김점동은 아버지의 적극적인 권유로 스크랜턴 부인이 설립한 이화학당에 입학했고, 뛰어난 영어 실력 덕분에 이화학당 교사이자 보구여관 의사인 로제타 셔우드 홀 부인의 통역과 수술 보조를 맡게 되었어요.

처음에는 수술 참여를 두려워하며 꺼린 김점동은 속칭 언청이라 불리는 입술갈림증(구순 구개열) 환자였던 소녀가 로제타 부인의 수술을 받고 낫는 과정을 본 후 자신도 의사가 되겠다고 결심했어요.

김점동은 선교사들의 주선으로 병원 동료 박유산과 결혼 후 1년여 만에 미국으로 떠나 볼티모어 여자 의과대학에서 의학 공부를 시작했어요. 농장에서 일하며 김점동을 뒷바라지한 남편 박유산은 안타깝게도 아내의 졸업을 앞두고 폐결핵으로 숨졌어요. 김점동은 이러한 고난을 딛고 의대를 졸업해 한국 여성 최초로 양의사 자격을 얻었어요.

의사가 되자마자 귀국한 김점동은 남편의 응원에 보답하듯 조선의 여성을 위해 헌신하는 삶을 살았어요. 여성 전용 병원인 보구여관에서 진료를 시작해 연간 수천 명의 환자를 휴일도 없이 돌보았고, 당나귀를 타고 평안도, 황해도 지역으로 진료하러 다니기도 했어요.

1903년에는 로제타 부인이 의료 사업을 벌이던 평양의 광혜원에 부임해 10개월 동안 무려 3000명이 넘는 환자를 치료했어요. 진료뿐 아니라 영어 교재 번역, 성경과 위생 교육까지 맡아 소화하던 김점동은 1910년, 삼십 대의 이른 나이에 폐결핵과 영양실조로 숨을 거두었어요.

김점동은 여성이 차별과 억압을 받던 시대에 새로운 것을 배우고, 결혼하고, 미국으로 떠나 의학을 공부하고, 의사가 되고, 귀국해 한국 여성들을 위해 헌신하는 등 모든 일을 주체적으로 선택하여 자신의 삶을 개척해 나갔어요. 김점동의 삶은 한국 여성들에게 큰 영향을 미쳤고, 한국 사회에서 여성도 고등 교육을 받을 수 있고 또 직업을 통해 사회에 공헌할 수 있음을 증명했어요. 그래서 김점동의 생애는 역사적으로 큰 의의가 있어요.